APPREI

FÊTES

LA JOURNÉE
DE LA TERRE

Trudi Strain Trueit

Texte français de Nicole Michaud

Éditions
■SCHOLASTIC

Catalogage avant publication de Bibliothèque
et Archives Canada

Trueit, Trudi Strain
La journée de la Terre / Trudi Strain Trueit;
texte français de Nicole Michaud.

(Apprentis lecteurs. Fêtes)
Traduction de : Earth Day.
Comprend un index.
Niveau d'intérêt selon l'âge : Pour enfants de 5 à 8 ans.
ISBN 978-0-545-99584-9

1. Journée de la Terre--Ouvrages pour la jeunesse.
2. Écologisme--Ouvrages pour la jeunesse. 3. Environnement--
Protection--Ouvrages pour la jeunesse. I. Titre. II. Collection.

GE195.5.T7814 2008   j394.262   C2007-906006-4

Conception graphique : Herman Adler Design
Recherche de photos : Caroline Anderson

La photo en page couverture montre des enfants qui plantent un arbre.

Édition publiée par les Éditions Scholastic,
604, rue King Ouest, Toronto (Ontario) M5V 1E1.

6 5 4 3 2   Imprimé au Canada 120   11 12 13 14 15

Imagine une ville où l'air est si pollué qu'il empêche de bien respirer. Imagine un lac couvert de pétrole où les poissons ne peuvent pas vivre.

C'était comme cela en certains endroits d'Amérique du Nord il y a cinquante ans. Les gens ne se préoccupaient pas beaucoup de l'environnement, à cette époque. L'environnement, c'est l'air, la terre et l'eau dont nous avons besoin pour vivre.

Un lac pollué

Des produits chimiques dangereux déversés
dans une rivière

6

La fumée des usines polluait l'air. Les automobiles rejetaient plus de vapeurs d'essence qu'aujourd'hui.

Les entreprises déversaient des produits dangereux dans les rivières. Les produits chimiques utilisés en agriculture causaient aussi des dommages à la terre.

Le sénateur américain Gaylord Nelson pensait que l'Amérique devait se soucier davantage de la planète. Il voulait apprendre aux gens comment protéger l'air, la terre, l'eau, les plantes et les animaux. Cette idée s'appelle la conservation.

Le sénateur Gaylord Nelson

Avril 2008

Dimanche	Lundi	Mardi	Mercredi	Jeudi	Vendredi	Samedi
		1	2	3	4	5
6	7	8	9	10	11	12
13	14	15	16	17	18	19
20	21	22	23	24	25	26
27	28	29	30			

Le sénateur Nelson a créé
la Journée de la Terre pour
inciter les jeunes à s'intéresser
à la conservation. Le premier
Jour de la Terre a eu lieu
le 22 avril 1970.

Des millions d'élèves ont participé à des défilés. Ils ont publiquement demandé aux dirigeants de la planète d'agir pour préserver l'environnement.

De nos jours, les enfants fêtent encore la Journée
de la Terre en faisant des défilés.

Les voitures électriques ne polluent pas
l'environnement.

La Journée de la Terre a changé les choses. Des lois sur la protection de l'environnement ont été adoptées. Les constructeurs automobiles fabriquent des véhicules moins polluants. De nombreux produits chimiques nuisibles sont interdits.

Les villes se sont mises au recyclage. On ramasse le papier, le verre et le plastique usagés. On les transforme ensuite en nouveaux produits. Les boîtes, les sacs et les emballages peuvent être réutilisés.

Des enfants participent à un projet de recyclage.

Plantation d'un arbre le Jour de la Terre

Différentes façons
de fêter cette journée

La plupart des pays du
monde célèbrent la Journée
de la Terre. En Australie,
les enfants ramassent déchets
et débris sur les plages. Au
Canada et aux États-Unis,
on plante des arbres.

En Russie, les élèves font des potagers et apprennent à cultiver les aliments sans utiliser de produits chimiques dangereux.

Des laitues dans un potager

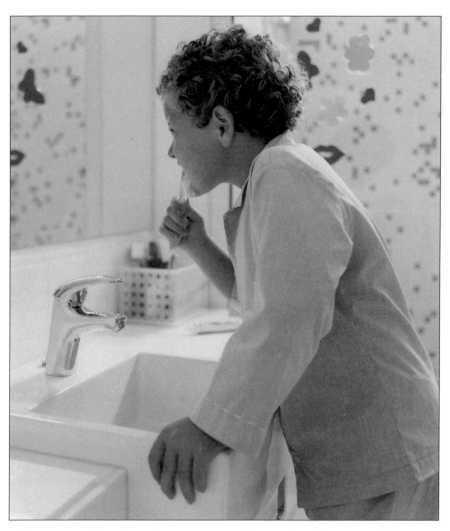

Il est possible d'utiliser moins d'eau lorsqu'on se brosse les dents.

Le Jour de la Terre, des familles réfléchissent à ce qu'elles pourraient faire pour préserver l'environnement. On s'accorde pour fermer le robinet pendant qu'on se brosse les dents. On veille à prendre des douches moins longues et à utiliser moins d'eau pour le bain. On peut ainsi économiser l'eau.

On peut se rappeler de recycler les cartouches d'encre. Les vieux ordinateurs, les téléphones cellulaires et certains types de piles sont aussi recyclables.

Les téléphones cellulaires sont des objets électroniques
recyclables.

Un pot fait à partir d'une boîte à lait

On cherche comment réutiliser les objets. Les boîtes de mouchoirs vides peuvent devenir des contenants de rangement pratiques. Les boîtes à lait font de beaux pots de fleurs. Les rubans et les sacs cadeaux peuvent servir à nouveau.

Quels sont les objets que tu peux recycler ou réutiliser? Tous les jours devraient être le Jour de la Terre pour protéger l'environnement.

Essaie de recycler au moins une chose par jour!

Les mots que tu connais

téléphones cellulaires

produits chimiques

Gaylord Nelson

défilé

pollution

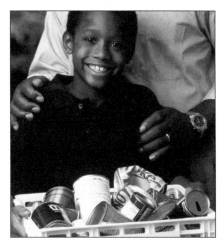

recyclage

arbre

potager

31

Index

Références photographiques